Joseph, der Kunstbegriff und die Gesellschaft

Hans Buchwald

Joseph, der Kunstbegriff und die Gesellschaft

Von den Höhlenmalern
bis zur Erweiterung des Joseph Beuys

Bibliografische Information der Deutschen Nationalbibliothek
Die Deutsche Nationalbibliothek verzeichnet diese Publikation
in der Deutschen Nationalbibliografie; detaillierte bibliografische
Daten sind im Internet über http://dnb.d-nb.de abrufbar.

© 2009 Hans Buchwald
Umschlagbild auf der Vorderseite: „Kunst am Bau" 1974
Umschlagbild auf der Rückseite: „Alte Freunde" 1997
Fotos: Hans-Hermann Fuchs
Umschlaggestaltung, Satz, Herstellung und Verlag:
Books on Demand GmbH, Norderstedt
ISBN 978-3-8391-7297-1

Meinem Lehrer
Dr. Fritz Renken
aus Blexen an der Weser
in Dankbarkeit

Inhalt

I.	Vorab	9
II.	Die Mitmenschen	11
III.	Mein alter Lehrer	15
IV.	Mein Umfeld	19
V.	Die Begriffe	23
VI.	Die Philosophen	29
VII.	Die Sprache	33
VIII.	Joseph Beuys	37
IX.	Die Gründe	49
X.	Das Nachdenken	57
XI.	Hinten an	61

I.
Vorab

muss ich noch etwas zu dem Wort „Kunst" sagen.

Es ist ein seltsam zauberisches Wort und in der Vergangenheit wurden den Personen, denen man nachsagte, dass sie die Kunst des Goldmachens verstünden, sogar Pakte mit den Unterirdischen zugeschrieben. Das Wort gilt aber als höchste Bewertung der Leistung eines einzelnen Menschen, wenn „Größe", „Qualität" oder „Niveau" nicht mehr ausreichen.

Wenn ich im Weiteren von Talenten, Begabungen und Werten spreche, kann der Eindruck entstehen, dass ich das weibliche Geschlecht ausschließe.

Meine Verehrung der Frauen ist viel zu groß und daher versichere ich an Eides statt, dass ich die Talente und Begabungen der Frauen für genauso stark halte, wie die der Männer.

Manche sagen, sie seien stärker, aber das ist – Gott sei Dank – nicht mein Thema. Mein Thema ist „der Kunstbegriff" mit dem Untertitel „von den Höhlenmalern bis zur Erweiterung des Josef Beuys".

Es gibt noch einen Grund, warum dieses Buch geschrieben wurde.

Ein wundervoller, sonnenreicher Frühlingstag lud mich zu einem langen Spaziergang ein. Nach ein paar Schritten stolperte ich fast über einen guten, alten Bekannten und wir beschlossen, unseren Weg gemeinsam fortzusetzen.

Wir plauderten über Gott und die Welt, waren auf einmal bei dem Wort Kunst angelangt und kamen da schnell vom Hundertsten ins Tausendste.

Alles, was ich während dieses Spazierganges über dieses Thema vorgebracht habe, ist in diesem kleinen Buch enthalten. Was mein Gesprächspartner an Einwürfen, Einwendungen und kritischen Bemerkungen über meine Logik, über meine Ironie, ja Bissigkeit bis hin zur Sentimentalität entgegenhielt – und er hatte durchaus gute Gründe dafür – werden meine Leserinnen und Leser leicht herausfinden und sollen es auch. Ich will versuchen, diesen leichten Plauderton zu erhalten, auch wenn es einmal ernst werden sollte.

II.
Die Mitmenschen

Bei uns Menschen handelt es sich um eine Art der Säugetiere, die in Herden – oder vornehmer ausgedrückt, in Gemeinschaften – leben müssen. Darauf komme ich noch zurück. Am Anfang muss ich darauf hinweisen, wie wichtig die Gespräche sind, die wir mit unseren Artgenossen führen. Sei es mit Einzelnen oder innerhalb von Kaffeekränzchen, Stammtischen, Wandergruppen oder Betriebsversammlungen.

Kein Internet, kein Handy kann ein persönliches Gespräch ersetzen. Ohne das Mienenspiel und die Körpersprache der Beteiligten bleibt es nur ein Selbstgespräch.

Immer das Wort Kunst im Auge behaltend, werfen wir erst einmal das Thema „Fußball" in die Runde.

Alle, auch die, die noch nie mit dem Fuß gegen einen Ball getreten haben, wissen dennoch Bescheid, ob der Schiedsrichter bestochen wurde oder nicht, ob der rechte Verteidiger gedopt ist, der Trainer etwas taugt oder der Verein vor der Pleite steht.

Viel besser ist es bei dem Wort „Kinder" auch nicht. Alle, ob sie Kinder haben oder nicht, ob sie pädagogisch ausgebildet wurden oder ob sie alles aus dem Bauch heraus entscheiden, alle wissen genau, wie Kinder erzogen werden sollten und wie sie nicht erzogen werden dürften.

Am lebendigsten geht es bei dem Thema „Politik" zu. Kaum einer kennt die Programme der einzelnen Parteien, aber alle wissen genau, ob ein Abgeordneter gelogen hat, ob ein anderer bestochen wurde oder hat, ob einer Geld gewaschen oder Steuern hinterzogen hat. Sollten persönliche Gründe dazu führen, dass die größere Anzahl unserer Mitmenschen Politiker bestrafen wollen, indem sie nicht zur Wahl gehen – und damit auf eine wichtige Kritik verzichten –, dann brauchen wir über Demokratie nicht mehr zu reden. Und wenn wir jetzt noch den Mut haben, das Wort „Kunst" in die Debatte zu werfen, ist die Reaktion atemlose Stille. Nach einiger Zeit erheben sich ein paar zaghafte Stimmen und sie hören Folgendes: „Von Kunst verstehe ich nichts." „Dafür habe ich gar keine Zeit." „Kunst ist nur etwas für Leute, die viel Zeit und viel Geld haben." „Kunst kommt von Können." „Meine Enkelin ist erst sechs Jahre alt, aber die malt schon so schön, die wird sicher eine große Künstlerin." „Künstler haben ihren Kopf immer in den Wolken." „Ach, das sind die, die erst nach dem Tode berühmt werden." „Ich habe vor Jahren die ‚Sixtinische Madonna' in Dresden gesehen. Der Raffael ist der größte Künstler auf der ganzen Welt." „Ja, früher, aber was die heute alles machen, das macht mein kleiner Sohn mit links im Finstern."

Und als Schönstes: „In unserem letzten Urlaub hat uns der Reiseleiter mit in die Hauptstadt genommen. Dort haben wir ein ganz berühmtes Museum besichtigt mit den besten Kunstwerken aller Zeiten. Dann waren wir alle noch in der Cafeteria. Der Kuchen war so lala, aber der Kaffee war ausgezeichnet."

Wir merken schnell, dass unsere Gesprächspartner von dem unheimlichen Wort Kunst wegkommen wollen und lieber das Wort Künstler einsetzen. Das sind Menschen, bei deren Beurteilung man wieder etwas festeren Boden unter die Füße bekommt.

Diese überwiegend negativen Bemerkungen hat die Kunst nicht verdient. Ich vermute, dass eine gehörige Portion Angst darin mitschwingt, und zwar Angst, sich vor den sogenannten Fachleuten zu blamieren.

Um zu beweisen, dass die Grundhaltung unserer Mitmenschen viel tapferer ist, bitte ich, mir bei einem Experiment zu folgen:

Aus der großen Gruppe derjenigen, die „von Kunst nichts verstehen", nehmen wir ein junges Paar heraus, das eine eigene Wohnung bekommen hat und diese nun einrichten muss. Dazu kommen die Eltern, eine Oma, die Geschwister und ein paar Freunde.

Mit dieser Gesellschaft gehen wir in ein großes Möbel- und Einrichtungshaus. Es geht – beim Einrichten einer Wohnung – um Formen und Farben, es geht um Bilder und es geht um Stoffe, Holz, Leder, Glas und immer wieder um die Frage: „Passt das alles eigentlich farblich zusammen?"

Ich rate Ihnen, etwas Abstand zu halten, denn Sie werden erleben, dass jeder genau weiß, welche Farben zusammenpassen, welche Bilder an die Wand gehören und ob der rote Teppich mit der russisch-grünen Couch harmoniert.

Und das alles mit großer Überzeugung und noch größerer Lautstärke. Am Ende heißt es: „Die haben aber eine schöne Wohnung. Und so geschmackvoll!" Drei Generationen haben ihr Bestes gegeben, doch wenn sich alle wieder beruhigt haben, heißt es: „Von Kunst verstehe ich nichts." Ich habe mich über die Haltung immer geärgert, bis ein guter Freund sagte: „Du bist schon ganz grün im Gesicht. Schreib es dir von der Seele, dann bist du es los."

III.
Mein alter Lehrer

Während mein Freund vorschlug, mir den Ärger „von der Seele" zu schreiben, hörte ich plötzlich die Stimme meines alten Klassenlehrers sagen: „Verteilt die Hefte. Wir schreiben einen Aufsatz über den Kunstbegriff."
Wenn ich an meine Schulzeit denke, waren die wichtigsten Personen natürlich die Lehrer. Einige hatte man gern, vor anderen fürchtete man sich. Aber alle haben uns die Zeit weggenommen, die wir viel lieber beim Spielen verbracht hätten.
Wie wichtig und wertvoll sie wirklich waren, erkennt man erst, wenn man etwas älter wird – und dann ist es für ein „Danke schön" meist zu spät. Ich erinnere mich gern und dankbar an meinen alten Deutsch- und Geschichtslehrer, der sich nicht damit zufrieden gab, dass wir die Ereignisse und Jahreszahlen auswendig lernten, sondern uns fast zwang, über das Umfeld nachzudenken. Und das hieß bei ihm: Wie waren zu dieser Zeit die Wohnverhältnisse, die Kleidung, die Nahrung, das Handwerk, die ärztliche Betreuung und, und, und?

Er gab uns zwei wichtige Ratschläge und betonte immer wieder, dass diese Ratschläge für unser Verhalten im weiteren Leben gedacht waren.

Der erste Rat: Hüte dich vor Übertreibungen!

Dazu sagte er: „Ihr könnt natürlich auch mal einen guten Witz erzählen, aber bleibt auf dem Teppich und übertreibt nicht."

Der zweite Rat: Kläre vor jeder Diskussion das Thema und wenn du bis zum Grund, ja, bis zu den Wurzeln graben musst.

An diese Ratschläge muss ich oft beim Anhören von Streitgesprächen über Politik oder Wirtschaft denken. Jedes Kind könnte mit der wiederholten Frage „Warum" manche Diskussion zum Abbruch bringen.

Ich habe die Absicht, mich im weiteren Verlauf dieser Plauderei an diese Ratschläge zu halten.

Herzlich gelacht habe ich bei einer Szene in dem alten Heinz-Rühmann-Film „Die Feuerzangenbowle". Dort wird der zweite Rat meines Lehrers so knapp und humorvoll dargestellt – besser geht es nicht.

Nun die Szene:

Der Physiklehrer kommt in die Klasse, setzt sich gemütlich hin und sagt: „Heute kommen wir zur Dampfmaschine. Da fragen wir uns, was ist eine Dampfmaschine? Und da stellen wir uns erst mal ganz dumm."

Und wir kommen jetzt zur Kunst. Da fragen wir uns, was ist Kunst? Und da stellen wir uns erst mal ganz dumm.

Natürlich bin ich sofort dem Wort Kunst auf den Grund gegangen, war mit dem Ergebnis aber nicht zufrieden und grub mich bis zu den Wurzelspitzen durch. Da muss ich wohl einen Augenblick nicht aufgepasst haben, ich verlor das Gleichgewicht, stürzte in die Grube, rutschte durch und saß auf einmal am Lagerfeuer der Höhlenmenschen.

Ich wurde so freundlich begrüßt, dass ich annehmen musste, bei meinen Ur-Ahnen gelandet zu sein. Zum Glück hatte ich meinen Zeitraffer bei mir, sonst hätte ich meinen Ur-Ahnen nicht folgen können, als sie mir den Umgang mit dem Feuer erklärten und voll Stolz die Erfindung des Rades vorstellten. Plötzlich merkte ich, dass ich nicht mehr in der Höhle saß, sondern in einem Holzhaus. Als jemand auf einen Knopf drückte, flammte das elektrische Licht auf, im Hintergrund tuckerte eine Dampfmaschine und dass ich vor einem Computer saß und im Internet surfte, war ganz normal.

Als ich wieder zu mir kam, war mir klar, dass ich die Zivilisation im Schnelldurchgang erlebt hatte, aber mit dieser großartigen Schau nicht zufrieden sein konnte. „Bleib dran!", sagte mein alter Lehrer. Ein kurzer Anlauf, der Sprung in die Grube, das Durchrutschen – ich saß wieder an meinem alten Platz am Lagerfeuer. Wieder eine freudige Begrüßung, man schien mich schon erwartet zu haben. Meine Familie hatte wohl eine gute Jagd gehabt, alle waren satt, die Höhle war warm und es herrschte so eine Art Wochenendstimmung.

Plötzlich stand einer auf, griff sich ein Stück verkohltes Holz und begann einen Wisentstier auf die Höhlenwand zu zeichnen. Ein anderer, der rechts neben mir saß, hatte mühsam Löcher in kleine Knochenstücke, Wurzelteile, bunte Steine,

Schalen von Muscheln und kleine Schneckenhäuser gebohrt. Jetzt zog er eine Sehne hindurch, verknotete sie und hängte diese Kette seiner Lieblingsfrau um den Hals. Der, der mir gegenüber saß, hatte mit seinen Händen ein Gefäß aus Ton geformt und war nun dabei, in die Außenwand Linien zu kratzen, die sich zu Ornamenten ergänzten. Hinter mir stand einer, der entdeckt hatte, dass er mit seinem Mund nicht nur Wörter, sondern auch Töne hervorbringen konnte und nun zu singen begann. Er erfand eine Melodie und als er mit zwei großen Knochen den Takt dazu schlug, standen mehrere auf und fingen an zu tanzen.

Und das alles geschah ohne einen Befehl des Anführers oder eines Schamanen, jeder konnte seine Talente und seine Begabungen ausspielen und es war so, als ob alle darauf gewartet hätten.

Als ich wieder an meinem Schreibtisch saß, war mir klar, dass ich nun auch den Beginn der Kultur erlebt hatte.

Die beiden Pflanzen Zivilisation und Kultur entwickeln bei guter Pflege eine herrliche Blütenpracht. Sollten sie in unserem Garten zu dicht beieinander stehen, kann es geschehen, dass sich einige Ranken miteinander verflechten, sodass man auf den ersten Blick den Ursprung nicht erkennt. Verfolgen sie die Ranke bis zum Grund und bis zu den Wurzeln, ist alles wieder klar.

IV.
Mein Umfeld

Nach den Ausflügen in die Vergangenheit habe ich mich in der Gegenwart in meinem Umfeld umgesehen, um herauszufinden, wie das Wort Kunst heute angewandt oder benutzt wird.

Für alle Leute, die bemüht sind, sich klar auszudrücken, hat es einen hohen Wert. Man nimmt es aber vorrangig, um eine Leistung eines einzelnen Menschen, die im Kopf entstand und mit den Händen angefertigt wurde, auszuzeichnen. Der Satz „Kunst kommt von Können", den man immer wieder hört und die Tatsache, dass Leistungen aus Wissenschaft und Technik davon ausgenommen sind, weist auf die Herkunft aus dem Handwerk hin.

Kein Mensch käme auf die Idee, die Erkenntnisse von Einstein oder Kopernikus als Kunst zu bezeichnen, aber jeder billigt einer Frau, die mit wachen Augen und geschickten Händen den Riss in einem Kleidungsstück so gut ausbessert, dass sogar Fachleute die Reparatur nicht erkennen, den Titel „Kunststopferin" zu.

Der größte Makel, der an dem Wort Kunst haftet: Es ist nicht „gesetzlich geschützt".

Wie selbstverständlich werden Wörter, die einen Wert darstellen oder bezeichnen und daher eine große Aussagekraft haben, von der Werbung, den Medien und den Interessenverbänden benutzt und bis zum Gehtnichtmehr ausgeschlachtet.

Der Rang des Wortes Kunst ist zu bedeutend und daher ist es kein Wunder, wenn ein klebriger, süßer Brotaufstrich als Kunsthonig angeboten wird, eine chemische Verbindung Kunstfaser genannt wird und über einem Laden, in dessen Schaufenster hässliche Plüschtiere zum Verkauf angeboten werden, „Kunstsalon" steht.

Nun zu dem Wort „Künstler".

Natürlich können diese Leute reden, diskutieren und sind sogar in der Lage, in einem Geschäft eine neue Hose zu kaufen. Aber wenn es darum geht, ihre Empfindungen und Gefühle auszudrücken oder ihre Geschichten zu erzählen, dann tun sie das allein durch ihre Arbeiten. Sie sprechen in ihren Sprachen zu uns und wollen verstanden werden. Und nun kommt es auf unsere Bereitschaft an. Wir hören eine Melodie, lesen ein Gedicht, betrachten ein Bild oder eine Figur und müssen für uns allein beurteilen, ob wir diese Sprache verstehen, ob wir uns angeredet fühlen und welche Empfindungen in uns ausgelöst werden.

Ich selbst will von den Werken der bildenden Kunst angeredet werden, damit ich entscheiden kann, was ich ablehne, was ich bewundere und was mich ergreift, dass mir die Tränen kommen. Um zu vegetieren, brauchen wir das bisher Gesagte nicht. Doch – seltsam – seit den ersten Höhlenmalereien sind Bilder, Figuren, Melodien, Märchen und Sagen feste Bestandteile unseres Lebens. Ganze Epochen wurden nach den erhaltenen Werken der bildenden Kunst benannt und bewertet. Wie sehr auch unser Leben mit der „eigentlich nicht wichtigen" Kultur verknüpft ist, erleben wir jeden Tag.

Doch auch hier hat sich einiges getan und alle, die sich in Bereichen tummeln, die nicht zum einfachen Überleben gehören, können heute Künstler genannt werden, auch ohne die Beweise für eine halbwegs gute Leistung. Eine nette Variante: Ein Mensch, der die Höhen und Tiefen des Lebens gut gemeistert hat, gilt als „Lebenskünstler".

V.
Die Begriffe

Die deutsche Sprache hat Wörter, deren Wert absolut ist und nicht verändert werden kann. Ein Pfund ist ein Pfund, ein Liter ist ein Liter und ein Kilo ein Kilo.
Aber sie hat auch Wörter, deren Bedeutung zwar erkennbar ist, die aber auf der persönlichen Wertskala bei jedem einzelnen Menschen einen unterschiedlichen Rang einnehmen. Es sind die Begriffe und zu ihnen gehören „Schönheit", „Treue", „Ehre", aber auch „Qualität" und „Niveau".
Fragen wir hundert Leute nach ihrem Begriff von Schönheit und wir werden hundert verschiedene Antworten bekommen. Ich erinnere mich an ein persönliches Erlebnis.
Jahrelang hatte ich Einladungen zu Ausstellungen einer bekannten Galerie bekommen, die mit einem Museum verbunden ist. Als ich glaubte, da mithalten zu können, bewarb ich mich um eine eigene Ausstellung. Die telefonische Absage des Direktors war kurz. Er sagte: „Ich mache nur Ausstellungen auf höchstem Niveau." Ich war am Boden zerstört und wollte

mich schon hinter einen fahrenden Zug werfen. Bis heute kenne ich nicht die Höhe meines Niveaus – aber auch nicht die der Galerie.

Als wir alle, im zarten Alter von ungefähr vier Monaten, das erste Mal bewusst nach einem Spielzeug griffen, wollten wir diesen Gegenstand ergreifen, aber auch begreifen. Und seit dieser Zeit ist alles, was wir selbst erfahren – also auch begriffen – haben, ein Teil von uns, wie die Fingerabdrücke oder die Gene.

Ich kann meine Mitmenschen gut verstehen, wenn ich sehe, wie ein Mann zärtlich über die Motorhaube eines rassigen Sportwagens streicht und eine Frau einen bestimmten Stoff gar nicht mehr loslassen will.

Ich habe schon erwähnt, dass die Scheu vor dem Wort Kunst ihren Ursprung in der Angst vor dem Wissen der Fachleute hat. Da aber auch jeder Fachmann seinen eigenen Kunstbegriff hat, kann es sich immer nur um ein Gespräch über die verschiedenen Auffassungen handeln. Hinweise aus der Kunstgeschichte hätten dann den gleichen Wert, als wenn ein Automechaniker uns etwas vom Getriebe erzählt.

In der Welt sollen wir Deutschen ja den Ruf haben, alles in eine Ordnung zu bringen. Ich kann für den Umgang mit der Kunst etwas anbieten. Dazu folgende Geschichte.

Ein kleiner Junge spielt am liebsten mit Gegenständen, die aus Holz hergestellt sind. Als er in die Schule kommt, wünscht er sich einen Werkzeugkasten, baut bald ein wunderschönes Futterhäuschen für die Vögel im Winter und repariert geschickt den hölzernen Gartenzaun. Die ganze Familie ist sich einig: Der Junge wird Tischler.

Nach der Lehrzeit baut er für die Gesellenprüfung einen Stuhl. Die Prüfungsmeister sind überrascht und bewerten diese Arbeit mit einem glatten „gut". Der Geselle meldet sich nach der vorgeschriebenen Zeit zur Meisterprüfung an und stellt als Meisterstück einen Schrank vor. Gute Holzwahl, eigene Ideen bei der Gestaltung und eine saubere Arbeit ringen den Prüfungsmeistern ein einhelliges „sehr gut" ab.

Sie merken, dass sich die Kommissionen an eine Ordnung gehalten haben, die wir alle kennen und die uns allen mehr oder minder viel Sorgen gemacht hat. Die Zensuren!

Nun ist es an der Zeit, sich eine eigene Messlatte zu bauen.

Ganz unten machen wir einen Strich, daneben die Zahl 6, wieder daneben das Wort „mangelhaft". Darüber wieder einen Strich, die Zahl 5 und das Wort „nicht genügend". Und so arbeiten wir uns über „ausreichend", „befriedigend", „gut" bis zum „sehr gut" hoch und merken, dass etwas fehlt – aber ich bin ja mit meiner Geschichte noch nicht am Ende.

Der junge Tischlermeister arbeitet weiter und stellt seiner Kundschaft eines Tages einen Damenschreibtisch – einen Sekretär – vor. Ein eigener Entwurf, edle Hölzer, gute Aufteilung – sogar mit Geheimfach – saubere Intarsienarbeit auf der Schreibfläche und die Leute sagen voller Hochachtung: „Er ist ein Kunst-Tischler."

Einen Schmied, der ein Treppengeländer in eine Blumenhecke verwandelt, aus sprödem Eisen Ranken, Blätter, Knospen und Blüten zaubert, nennen wir Kunstschmied.

Und das ist der Punkt. Zum ersten Mal spricht der oft zitierte Volksmund das Wort Kunst aus und gibt ihm auch seinen Platz auf unserer Messlatte, nämlich über der 1 „sehr gut".

Dieses Kapitel ist in diesem kleinen Buch das Wichtigste. Die Messlatten sind bei allen gleich, aber die Stelle, an der wir eine Arbeit der bildenden Kunst einsetzen, ist unser Kunstbegriff.

Wenn sie sagen: „Das ist ein gutes Bild", sagt ihr Nachbar: „Das ist Kunst." Und schon ist eine Unterhaltung im Gange, die durchaus das Ergebnis haben kann, dass beide ihren Standpunkt überdenken.

Um das Problem „Angst vor den Fachleuten" aus der Welt zu schaffen, muss ich noch einmal den Automechaniker bemühen. Wir sind Autofahrer und können großartig mit einem anderen Autofahrer über das Verhalten auf der Straße diskutieren. Wenn es um ihren Wagen geht, um Motor, Getriebe oder Zündung, brauchen sie den Fachmann. In unserem Fall, wenn es um Epochen, Namen oder Jahreszahlen geht, den Kunstgeschichtler.

Wenn man den Dingen auf den Grund geht, ist man überrascht, wie klar sich darstellt, was man vorher als unlösbares Problem vor sich hergeschoben hatte.

Der Begriff Kunst gehört zu diesen Dingen. Nimmt man die Begriffe Schönheit, Ehre oder Kunst für sich allein, ist es leichter mit anderen darüber zu reden. Hängen wir das Wort Begriff an – also Schönheitsbegriff, Ehrbegriff, Kunstbegriff –, bekommen die Wörter eine seltsam eigene Bedeutung und geraten in Gefahr von der jeweiligen Person losgelöst zu werden. Sicher war das ein Grund für viele Missverständnisse. Meine Ur-Ahnen in ihrer Höhle haben bestimmt gewusst, wer gut oder besser zeichnete, sang oder tanzte.

Und da sind wir schon bei Professor Ernst H. Gombrich, von dem gesagt wird, dass kein Student an seiner „Geschichte der Kunst" vorbei kommt. Und in diesem Buch steht:

„D i e Kunst gibt es nicht."

VI.
Die Philosophen

Was ich nachstehend geschrieben habe ist keine Kunstgeschichte. Ich bin kein Schriftsteller, kein Kunsthistoriker und kein Philosoph.

Mein Gebiet innerhalb des großen Kulturrahmens ist die bildende Kunst, also die Arbeiten der Zeichner, Maler und Bildhauer.

Alles was ich im Lauf der Jahre in und aus diesen Bereichen gehört, gesehen, gelesen und erlebt habe, hat meinen Hals immer dicker werden lassen, bis mir schließlich der Kragen platzte. Da habe ich mich hingesetzt und mir alles von der Seele geschrieben.

Ein Freund las dann das Manuskript und riet mir, es als Buch herauszubringen. Um einige Zweifel zu zerstreuen, rief ich vorsichtshalber die Lektorin eines renommierten Verlages an. Womit ich nicht gerechnet hatte, sie hörte mir geduldig zu. Dann aber sagte sie: „Sie kommen mit Ihrem Text leider zu spät. Dieses Buch gibt es schon!", und sie nannte Autor und Titel.

Ich besorgte mir das Buch „Was ist Kunst?" von Michael Hauskeller. Es ist großartig geschrieben, aber der Autor erhofft die Antwort auf die Frage „Was ist Kunst?" von der Philosophie.

Von Platon bis A.C. Danto, über Jahrhunderte hinweg, hat er herausgesucht, was jeder über die Kunst gesprochen und geschrieben hat. Es muss eine mühevolle Arbeit gewesen sein, den Gedankengängen der Philosophen zu folgen und schon im Voraus zu wissen, dass es die Antwort „Kunst ist …!" nicht geben kann.

Auch eine zweieinhalbtausend Jahre alte Philosophie kann keine Antwort geben. Kunst ist ein Begriff und daher an das Denken jedes Einzelnen gebunden. Mein Verhältnis zur Philosophie ist nur schwach entwickelt. Vielleicht bin ich etwas zu altmodisch. Wir Menschen sind Lebewesen, die nur in Gemeinschaften leben können und leben müssen. Als Einzelwesen sind wir verloren. Nun ist es in allen Gemeinschaften ein Muss, dass die Klügsten und Stärksten die Führung übernehmen.

Die Philosophen gehören zu den Klügsten und wären in der Lage, ihren Mitmenschen zu helfen, die Zeitspanne zwischen Geburt und Tod, die wir das Leben nennen, besser zu überstehen. Sie müssten als Ratgeber, Richter und Lehrer zur Verfügung stehen, anstatt ihre Gedanken nur mit Kollegen und kleinen Schülerkreisen auszutauschen und das in einer Sprache, die für viele rätselhaft erscheint.

Die Rolle, die sie einst im alten Griechenland spielten, ist leider im Lauf der Jahrhunderte verloren gegangen. Dass sie klug sind wird nicht bestritten und sie haben ein Recht darauf, ihre Gedanken und Gedankenverbindungen vorzustellen. Mein Einwand ist, dass sie an alle Probleme „von oben herab" herangehen.

Im Gegensatz zu ihnen versuche ich an die Frage „Wie komme ich zu einem eigenen Kunstbegriff?" vom Grunde, von den Wurzeln heranzukommen.

VII.
Die Sprache

Als Martin Luther sich daranmachte, die Bibel ins Deutsche zu übersetzen, war im Vorfeld einiges geschehen.

Die Völkerwanderungen, die kriegerischen Auseinandersetzungen, die Kaufleute auf ihren Handelswegen, die Kreuzzüge, die Pilger auf ihren Wallfahrten, die Studenten beim Wechsel der Universität und die Besiedlung der Ostgebiete hatten die Dialekte der einzelnen Stämme bereichert, aber auch abgeschliffen.

Luther musste dem Volk genau „aufs Maul schauen", um dieses großartige Werk – die deutsche Sprache – vollenden zu können. In Thüringen niedergeschrieben, in Rheinhessen ohne Probleme gedruckt, wurde sie von den Meeren im Norden bis zu den Schweizer Bergen und vom Rhein bis fast zur Donaumündung angenommen und verstanden.

Seitdem können unsere Dichter, Denker und Schriftsteller mit großer Klarheit und tiefer Innigkeit ihre Gedanken und Gefühle ausdrücken und sich darauf verlassen, dass sie verstanden werden.

So weit, so gut.

Nun haben sich aber im Laufe der Zeit – fußend auf der Vorarbeit der Klöster und Universitäten – die Berufsstände der zahlreichen Wissenschaften, der Wirtschaft, der Medizin, der Juristerei, der Geschichte, der Theologie und der Börsianer enger zusammengeschlossen und innerhalb ihrer Gruppen eine eigene Sprache, gemischt mit vielen Fremdwörtern, entwickelt.

Dies war hilfreich, man konnte mit dieser Spezialsprache die eigenen Probleme leichter und schneller lösen. Der Normalbürger sprach höhnisch vom „Fach-Chinesisch".

Die Behörden und Ministerien hatten es schwerer. Sie mussten ihre Gesetze und Verordnungen den Bürgern verständlich machen und Fremdwörter tunlichst vermeiden. Man schaffte es langsam, ein meist unverständliches Deutsch zu entwickeln, das bald ebenso höhnisch „Behörden-Deutsch" genannt wurde.

Wenn ein Einzelner aus diesen Gruppen seine Spezialsprache benutzte, um Eindruck auf seine Leser oder Zuhörer zu machen, war das sein Risiko. Er musste damit rechnen, von der Mehrzahl nicht verstanden zu werden und darauf hoffen, dass die Presse seine Worte ins Deutsche übersetzte.

Grausam wird es aber, wenn die Werbung mit Auszügen aus der Spezialsprache in schnellen „Spots", unterlegt mit schriller Musik, fast pausenlos auf die Gesellschaft einhämmert. Das Nachdenken wird dadurch erschwert, fast ausgeschaltet und auf die Frage „Warum?" gibt es nur eine Antwort, man will an unser Geld oder braucht unsere Stimme.

Wenn Sie fragen: „Was hat das mit Kunst zu tun?" Warten Sie ab, es hat.

VIII.
Joseph Beuys

Wir leben in einer Demokratie und viele sagen, dass die Demokratie zwar die humanste, aber auch die schwierigste Form des Zusammenlebens eines Volkes sei. Laut Grundgesetz haben wir alle das Recht auf freie Meinungsäußerung unter der Voraussetzung, dass dabei keine Gesetze übertreten werden. Ich bin mit dieser Lebensform sehr einverstanden, obwohl man oft auch sehr dummes Zeug anhören muss.

Die atemberaubend schnelle Entwicklung – vor allem auf den Gebieten der Wirtschaft und der Technik in den letzten Jahren – hat zu einem gnadenlosen Kampf in der Werbung geführt. Die Angebote, zum Teil wissenschaftlich verbrämt, zum Teil angsteinflößend, zum Teil sogar humorvoll, werden mit rasanten Wechseln von Bildfolgen und überlauter Musik, die fast nur noch aus Rhythmen besteht, unterlegt. Ziel ist es, den Verstand auszuschalten, um leichter und schneller an viel Geld zu kommen.

Lassen wir uns nicht beeinflussen, denn gerade den Verstand brauchen wir in diesem Kapitel dringend.

Alles was ich über Joseph Beuys weiß, also was ich gehört, gesehen oder gelesen habe, hat zu dem geführt, was in der Folge zu lesen ist. Es kann sein, dass einige kritische Leser dem einen oder anderen Satz eine etwas abweichendere Bedeutung zumessen würden, aber an den Ergebnissen dieses Kapitels wird keiner vorbei kommen können.

Joseph Beuys stammte aus einer bürgerlichen Familie, hat den wichtigsten Teil seiner Jugend unter dem NS-Regime verbracht, wurde als Soldat der Luftwaffe in Russland verwundet und wir finden ihn nach dem Kriege als Student in einer Bildhauerklasse der Kunst-Akademie in Düsseldorf wieder.

Er muss einen guten Eindruck gemacht haben, denn er wurde nach der Studienzeit nahtlos von der Akademie als Dozent für Bildhauerei übernommen.

Er hat einen großen Einfluss auf seine Schüler ausgeübt und hat sehr viel Kritik an der Art ds Unterrichts geäußert. Als er mit Hilfe seiner Studenten und vielen Sympathisanten die Büros der Akademie besetzte, wurde er vom Ministerpräsidenten fristlos entlassen.

Wenn man seinen Biographen folgt, war er ein Mann, der vielseitig interessiert war. Er las viel – nicht nur klassische, sondern auch moderne Romane. Interessierte sich für die Philosophie, auch für die Anthroposophie von Rudolf Steiner und die Forderungen der französischen Revolution nach „Freiheit, Gleichheit und Brüderlichkeit". In jedem seiner Ateliers gab es eine Ecke, die als Labor für chemische Versuche diente und in seinem Garten pflegte er Heilkräuter.

Noch als Student soll er ein Erlebnis gehabt haben, das seinen weiteren Weg bestimmen sollte. Vor seinen inneren Augen sah er eine Flamme und hörte eine Stimme, die ihm zurief: „Schütze die Flamme!"

Er hat sicher angenommen, dass mit der Flamme die Kunst gemeint war und dass der Schutz der Kunst nun seine Aufgabe sei.

Die Gedanken darüber führten zu einer Vision, deren Ziel er die „soziale Plastik" nannte.

Er ergänzte seine äußere Erscheinung durch einen großen Hut von einer berühmten Firma in London und trug nun immer eine sogenannte Angler-Weste. Um seine Vision umzusetzen, wollte er das gesellschaftliche Bewusstsein gleichschalten, er brauchte dieses gleichartige Menschenmaterial, um daraus die „soziale Plastik" zu formen.

Um das menschliche Bewusstsein auf ein Niveau zu bringen, verlangte er die Gründung von internationalen Universitäten weltweit, die jeder ohne Gebühren besuchen konnte, aber auch sollte.

Für dieses hohe Ziel, das er sich gestellt hatte, arbeitete er hart und bis zur Erschöpfung. Seine Reden, seine Aktionen und Installationen wurden von einer großen Anhängerschaft begleitet und bewundert.

Bekannt geworden sind aus dieser Zeit die Sätze „Jeder ist ein Künstler", „Jeder Mensch ist kreativ" und „die Erweiterung des Kunstbegriffes".

Wenn man nicht zu den Bewunderern gehörte, konnte man im Kreise Gleichgesinnter großartige Scherze und Witze über die Aktionen und Ausdrucksweisen dieser Gruppe machen. Ich habe kräftig mit zugeschlagen, bis ich in dem Buch „Picassos süße Rache" von Ephraim Kishon ein Zitat von Joseph Beuys fand.

Hier der Text:

„Das plastische Prinzip ist eine Kräftekonstellation, die sich aus mehreren Begriffen zusammensetzt, aber hauptsächlich aus den drei von unbestimmten, chaotischen, ungerichteten Energien und einem kristallinen Formprinzip aus sehr polaren Beziehungen und einem vermittelnden Bewegungsprinzip. Und wenn man es überträgt auf den Menschen, ist das psychologisch gar nicht anders als dieser rein emotionelle Wille, der emotionalen ungerichteten Aktionismus betreibt, ein gefühlsmäßig emotionales Bewegungsprinzip und ein rein formell auskristallisiertes abstraktes Theoretikertum."

Kishon sagt, es wäre „blühender Unsinn", aber ich ziehe meinen Hut voller Bewunderung vor einem Mann, der versucht hat, mit seinem Fach-Chinesisch einen Ehrenplatz innerhalb der deutschen Sprache zu erobern.

Doch Dienst ist Dienst und so hole ich mein Fremdwörter-Lexikon (Lingen Verlag, Köln, Erstausgabe) hervor, treu meinem alten Lehrer folgend und machte mich an die Übersetzung.

Um es kurz zu machen. Alle Wortspiele, alle Wortverbindungen und Begriffe dienen nur dazu, dem Wort „Aktionis-

mus" eine wertvolle, wissenschaftlich überzeugende Bedeutung zu geben, denn in meinem Lexikon steht unter
Aktionismus, (lat.), der, nur Einz.: die Absicht, mit ungewöhnlichen oder provokanten Aktionen gesellschaftliches Bewusstsein zu verändern; (abwertend: blinder A.) das unüberlegte Inszenieren von Aktionen nur der Aktivität und keiner höheren Ziele wegen."

Als ich das las, fuhr mir ein kalter Schauder über den Rücken und ich hatte das erste Mal das Gefühl, einen Sinn entdeckt zu haben. Als ich wieder atmen konnte, war mein erster Gedanke „Warum?".

Wir hatten den Krieg verloren, unsere Städte waren zerstört, das Leben musste weitergehen und es musste gemeinsam geschehen. Der Erwerb eines Paares heiler Schuhe – wenn auch gebraucht – war mehr wert als heute ein Hauptgewinn in der Lotterie. Es gab keine einengende Staatskunst mehr und auch keine Kunstpäpste, die zur Rettung einer verstaubten Salonkunst alle Reformen verhinderten. Unsere jungen Leute konnten sich neu orientieren und ihre Wege suchen.

Als wir nach den ersten Jahren glaubten, endlich ein Licht am Ende des Tunnels zu sehen, kamen die Aktionisten und schickten sich an, unser gesellschaftliches Bewusstsein zu verändern. Warum? Hatten wir eines und wenn ja, welches?

Bevor ich, meinem alten Lehrer folgend, weiter versuche das Thema klar zu machen, habe ich mit Verwunderung zur Kenntnis nehmen müssen, dass Joseph Beuys anstatt sich für die Schließung aller Kunst-Akademien und Hochschulen einzusetzen, mit Hilfe der Gerichte seine Wiedereinstellung in den Schuldienst erzwang.

Doch zurück zum Thema:

In der Kunstgeschichte hat man oft neuen Ausdrucksweisen, denen viele Zeitgenossen folgten, eigene Namen gegeben mit dem Zusatz – ismus. Meiner Meinung nach – aber nur meiner – könnte man im vorliegenden Fall gut und gerne das Wort „Innovatismus" anwenden. Die Ausführenden wären dann die „Innovaten". Einfach haben sie es nicht, denn da sie es ablehnen zu zeichnen, zu malen und zu modellieren, müssen sie auf andere Weise auf sich aufmerksam machen. Sie verblüffen den Betrachter durch völlig andere Arbeitsweisen und erreichen Effekte, die ungläubiges Erstaunen hervorrufen, aber neugierig machen und zum Teil schockieren. Nur wenige erkennen die Anleihen aus der Dada-Zeit bei der Chirurgie und der Elektronik. Die Verwandtschaft mit der heute üblichen Werbung ist unverkennbar. Einfach ist das nicht, denn sie müssen bei jedem Auftritt etwas Neues bringen.

Ein Nachteil für sie ist, dass an den Kunstschulen noch keine Klassen für den Innovatismus vorgesehen sind.

Wie Abfall und Müll gesammelt und verarbeitet werden, wie Monitore verkabelt werden, mit welchen Plastikplanen man am besten Bäume und Gebäude verhüllt, welche Beton-Mischung in ein Auto-Wrack gehört, wie man am blutigsten Schweine schlachtet und in welcher Sprache man nächstens mit einem Coyoten diskutiert – muss jeder selbst herausfinden.

Mein alter Lehrer drängte und so habe ich mir die Aussage: „Jeder Mensch ist ein Künstler, jeder Mensch ist kreativ" vorgenommen.

Nur eine kleine Gruppe in unserer Gesellschaft wird zu den Künstlern gerechnet. Würden wir die Arbeiten aller Menschen, die wir kennen, über „sehr gut" auf unserer Messlatte einreihen? Jeder Mensch kreativ? Das Wort Kreativität kommt aus dem Lateinischen und bedeutet Schöpfung bzw. Schöpfungskraft. Das heißt, ein Mensch bringt aus seinem eigenen Ideenreichtum etwas hervor, was bisher kein anderer vor ihm gebracht hat. Es kommt nicht auf das Thema an – der „Heilige Sebastian" ist in der bildenden Kunst viele Male dargestellt worden – es kommt auf das „Wie" an. Diese Schöpfungskraft, diese ganz eigene Darstellung ist der wichtigste Bestandteil dessen, was wir Kunst nennen dürfen. Und nun urteilen Sie selbst, wie vielen Menschen wir zutrauen, kreativ zu sein. Bestimmt nicht allen.

Nun zu dem Wort „Erweiterung". Als erstes Ergebnis drei Beispiele.

Erstens: Ein Student belegt nach den Vorlesungen über die Romanik auch die folgenden über die Gotik. Er erweitert also sein Wissen um einen weiteren Zeitabschnitt.

Zweitens: Nach seinen Siegen über die Armee der Kaiserin Maria Theresia erweiterte Friedrich II. sein Reich um die Provinz Schlesien.

Drittens: Ein Freund kaufte seinem Nachbarn ein paar Quadratmeter Boden ab, erweiterte damit sein Grundstück und konnte seinen Zaun auf die neue Grenzlinie setzen.

Das bedeutet ganz einfach, dass in unserem Sprachgebrauch, jede Erweiterung eine neue Begrenzung verlangt. Wenn diese neue Begrenzung nicht gegeben wird, erfolgt die Erweiterung ins Unendliche, ins Nichts.

Beuys konnte ja nur seinen eigenen Kunstbegriff als Plattform für seine Vision benutzen. Als er ihn ins Unendliche erweiterte, also praktisch auslöschte, hat er – meiner Meinung nach – seine eigene Basis verloren.

Es wird immer schwerer – nein, immer unmöglicher –, ihm auf seinem Weg zu folgen.

Er hat eine große Anzahl von Menschen fasziniert und hat viel Unruhe in das Kulturleben gebracht. Er hat das menschliche Bewusstsein nur bei wenigen verändern können, auch die Wirkungen auf den Alltag oder die Politik waren nicht stark genug.

Nur die bildende Kunst hat er schwer verwundet und sie wird lange brauchen, sich davon zu erholen. Aber sie wird!

Innerhalb des großen Kulturrahmens ist die bildende Kunst, also Zeichnung, Malerei und Bildhauerei das Gebiet, in dem ich mich zu Hause fühle. Ich kenne die Möglichkeiten, das Material und die Werkzeuge. Eigentlich gehören Dichtung, Musik und Architektur auch dazu, aber meine Kenntnisse in diesen Fächern reichen nicht aus. Man wird aus dem bisherigen Text leicht erkennen können, dass es mir hauptsächlich um die bildende Kunst geht.

Ich wiederhole es noch einmal. Die Vertreter der bildenden Kunst, die wir Künstler nennen, sind Menschen, die das Wesentliche, das sie uns sagen wollen, in ihren Darstellungen ausdrücken. Und ich möchte durch diese Werke angesprochen werden.

Die Aktionen der Innovaten amüsieren oder schockieren mich, manchmal fühle ich mich angerempelt. Ich verstehe sie nicht und scheinbar geht es vielen Menschen so. Diese Situation hat einige – Gott sei Dank nicht alle – aus dem schon erwähnten Berufsstand der Historiker und Kritiker auf den Plan gerufen, die es übernommen haben, Erklärungen zu finden. Leider benutzen sie dazu ihre Spezialsprache.

Ich habe es satt, aus zweiter, dritter oder vierter Hand zu erfahren, was ein Mensch redet, wenn er nicht redet! Und es interessiert mich erst – wenn überhaupt – in zweiter Linie, ob derjenige als Kind misshandelt wurde, ob er süchtig ist oder ob seine Eltern dem Suff ergeben waren.

Wenn Joseph Beuys seine Vorstellungen hätte konsequent durchführen können, gäbe es heute das Wort oder den Begriff „Kunst" nicht mehr. Er, seine Schüler und seine Nachahmer hätten keine Zukunft gehabt. Ich – für mich – bin sicher, dass seine Anhänger den Pferdefuß in seiner Lehre gar nicht bemerkt haben und dass sie ganz andere Schlüsse aus dem Glaubensbekenntnis ihres Meisters ziehen als ich.

Sie nehmen aus dem ersten Satz nur das Wort „Künstler" für sich in Anspruch. Aus dem zweiten nur das Wort „kreativ" und die Erweiterung ist für sie eine „grenzenlose". Fazit: „Wir sind kreative Künstler in einem grenzenlosen Raum."

Und damit sind sie bis heute auf der Erfolgsspur. Alle Galerien, Museen, Kunsthäuser und Sammlungen haben ihnen die Tore weit geöffnet. Sogar die Vertreter der guten, alten bildenden Kunst wagten sich in den grenzenlosen Raum, stellten Sackleinwandfetzen und behauene Baumstümpfe aus oder hängten ihre Bilder verkehrt herum an die Wand.

Kein Grund zur Sorge. Wir leben in einer Demokratie und hier herrscht die freie Meinungsäußerung.

Wenn ich ganz einfach denke, richteten sich die ersten Aktionen gegen die Bereiche der bildenden Kunst. Vielleicht trauten die Innovaten ihren eigenen Talenten nicht, vielleicht scheuten sie die mühevolle Arbeit. Oder dachten sie eiskalt kaufmännisch: Wir treiben die bildende Kunst in den Konkurs und stoßen dann mit unseren Exponaten in den freien Raum, dann können wir die Preise und Gewinne selbst bestimmen.

Diese Aktionen waren ein voller Erfolg. Den Verlierern dieser Campagne blieb nur die Hoffnung.

Wenn Sie mir erlauben, meine eigenen Gedanken weiterzuspinnen, glaube ich, dass Joseph Beuys seinen Platz in der Kunstgeschichte finden wird. Ein Mann mit einer eigenen Sprache, mit eigenen Aktionen und mit großem Einfluss quer durch alle Bildungsschichten. Er hat es verdient. Als Beispiel: Seine Gespräche mit einem Pferd, mit einem Coyoten und mit einem toten Hasen haben Kultstatus. (Bitte nicht mit Kultur verwechseln.) Sprechen wir einmal mit einem toten Hasen und wir finden uns ganz schnell im Innern eines Ambulanzwagens wieder, auf dem Weg in die Klapsmühle.

Sollte sich aber das „gesellschaftliche Bewusstsein" eines Tages ändern und sollte man feststellen, dass der „größte Künstler eines Jahrhunderts" nicht derjenige ist, der das meiste Geld verdient und wenn vielleicht einige noch einmal die Erläuterungen des Wortes Aktionismus im Lexikon nachlesen, könnte es sein, dass das Denkmal die ersten Risse bekommt. Das so positive Bild des Mannes kann sich leicht ins negative verwandeln, wenn man vermuten muss, dass er ein ruhiges Gewässer aufgewühlt hat, um selbst im Trüben erfolgreich zu fischen.

Wir haben in der Vergangenheit viele Beispiele dafür, dass Personen das gesellschaftliche Bewusstsein zu verändern suchten – nicht höherer Ziele wegen – sondern nur aus Eigensucht. Dabei fallen mir immer Geschichten von Leuten ein, die ihr eigenes Haus in Brand setzten, um lästige Mieter loszuwerden.

Das Wasser ist immer noch trüb und die Innovaten ziehen immer noch fette Fische an Land. Aber wohl nicht mehr lange, denn sie haben ihren Kopf verloren und ein kongenialer Nachfolger ist nicht in Sicht.

Sollte es sich bewahrheiten, dass die Vernunft tatsächlich zu unseren Instinkten gehört, würde ich, zwar mit großen Vorbehalten, aber mit leichter Hoffnung in die Zukunft blicken. Dann würde allerdings auf einige Museen und Kunsthäuser viel Ärger mit der Entsorgung zukommen.

IX.
Die Gründe

Lange Jahre habe ich begierig alle Nachrichten aus dem Kultur-Sektor aufgenommen, war teils amüsiert, oft wütend, wenig hoffnungsvoll und sogar weitgehend hoffnungslos.

Dann, es war in der Zeit, als in Hamburg lebhaft darüber gestritten wurde, ob man Joseph Beuys den Lichtwark-Preis verleihen sollte oder nicht, fiel mir ein Artikel aus der „Welt" in die Hände, der das Problem – obwohl von einem Fachmann geschrieben – in einem guten Deutsch verständlich machte. Im Grunde ist das da Gesagte heute noch so gültig wie damals. Ich werde die Sätze, die mir einen Weg gewiesen haben, als Zitate übernehmen.

... stets haben die Kritiker versucht, die von ihnen verwendeten Kriterien zu begründen und zu rechtfertigen.

... strapazierte man den „erweiterten Kunstbegriff" so häufig, dass man endlich auch Aufschlüsse über ihn erhoffen dürfte. Doch die Hoffnung trog.

... über den Begriff wurde nichts ausgesagt; es wurde lediglich unterstellt, dass jemand, der das Nichtgesagte nicht verstünde, nicht „auf der Höhe der Zeit" sei.

... Folgerung: Wer nicht versteht, dass ein Begriff nicht begrifflich zu fassen ist, müsste wohl hinter der Entwicklung zurückgeblieben sein.

... Ein triviales Objekt – Spind oder Badewanne – wird lediglich durch Worte zum „Kunstwerk".

... Pseudo-Künstler und Pseudo-Literat sind aufeinander angewiesen.

(Zitate aus „Das pervertierte Kunsturteil" von Heinz Spielmann in der „Welt" 1975).

In den folgenden Jahren habe ich viele Briefe an Fachleute geschrieben, in der Hoffnung, dass daraus Gespräche werden. Zwei davon möchte ich mit hinein nehmen.

1. Mein Problem

Ich bin Maler. Bisher habe ich mich im großen Ganzen an unseren Altmeister Michelangelo gehalten, der gesagt hat „Male, Maler – rede nicht –" oder so ähnlich.

Jetzt – an der Schwelle des biblischen Alters – breche ich dieses Gebot und bitte um Hilfe bei der Lösung eines Rätsels, das ich seit vielen Jahren nicht lösen konnte.

Mein alter Deutschlehrer hat uns eingebläut, vor einer Diskussion das Thema klar und deutlich zu bestimmen. Dazu muss ich etwas ausholen.

Meine Meinung war und ist, dass jeder Mensch ein Talent

mitbekommen hat und dass es sein gutes Recht ist, dieses Talent auszubauen und die Ergebnisse seiner Arbeiten seinen Mitmenschen anzubieten. Das heißt auch, sie auszustellen. Dies gilt für alle: Tierzüchter, Tischler, Gärtner, Pädagogen etc. und natürlich auch für Maler, Bildhauer, Zeichner, Architekten und Musiker. Jeder auf seinem Gebiet. Die ausgestellten Werke, Waren oder Produkte sind dann der Maßstab für das Können. Bei Erfolg ein Ansporn, bei Misserfolg: alles noch einmal überdenken.

So gesehen – dachte ich – war die Welt in Ordnung.

Seit etlichen Jahren jedoch fühle ich, dass die Welt nicht mehr in Ordnung ist. Ein Verfall der alten Werte hat eingesetzt und die neuen Werte werden nicht sicher bestimmt. Nur eine Größe ist dominierend: das Geld.

Für meinen Sektor heißt dies: Der Begriff „Kunst" wird schon für das tägliche Atemholen eingesetzt und den Begriff „Künstler" beansprucht jeder, der mit einer elektrischen Gitarre wackeln kann.

In einer Fernseh-Sendung wurde ein junger Bildhauer gefragt, wie er arbeite. Er sagte ungefähr Folgendes: „Ich gehe durch die Straßen und finde im Sperrmüll einiges. Ich durchforste auch die Flohmärkte nach Dingen, die mir auffallen. Und aus diesen Dingen setze ich dann meine Werke zusammen."

Eingangs sagte ich, dass jeder Mensch das Recht hat, seine Arbeiten, auf die er stolz ist, auszustellen, d.h. seinen Mitmenschen zum Anschauen oder zum Kauf anzubieten. Auch dieser junge Mann hat das Recht.

Die Sparten „Sammler", „Bastler", „Erfinder" etc. stehen und standen offen und es hätte sich sicher auch ein geeignetes Fremdwort gefunden.

Und hier beginnt meine Frage:

Wie konnte es passieren, dass gestandene Kunstwissenschaftlicher, also Direktoren und Verwalter von Museen, Sammlungen und Galerien, die jeden Tag mit den besten Werken der Kunst umgeben waren, kritiklos den Hobby-Bastlern ihre Tore öffneten?

Ist es mit dem Zauberwort „Erweiteter Kunstbegriff" zu erklären, oder genügt das guruhafte Auftreten der Protagonisten?

Musste es dazu kommen, dass nun ein Tizian von der Wand auf eine fettige Badewanne sehen muss und dass ein schlecht gemalter Kopf – auf den Kopf gestellt – die Kritiker reihenweise vor Ehrfurcht auf die Knie zwingt? Was wäre wohl zu sagen, wenn neben den Ketten und Ringen beim Goldschmied nebenan plötzlich ein saftiges Steak hinge – mit der Aufschrift „50 Karat"?

Und eine weitere Frage: Wenn jedermann ein „kreativer Künstler" ist und in der Lage z.B. ein Stück Filz mit Talg zu bestreichen, wie kommt es dann, dass wenige dafür über Gebühr bezahlt werden und alle anderen in die Röhre gucken? Meine jungen Kollegen tun mir leid. Malen sie wie Dürer oder Beckmann, sind sie „out". Basteln sie „erweitert", auch.

Und noch zwei Fragen:

Was ist „der Kunstbegriff"?

Was ist „der erweiterte Kunstbegriff"? (Wie weit?)

Sie sind der Fachmann. Bitte antworten Sie.

2. Sehr geehrter Herr ...,
meine Frage, ob es irgendwo einen Hinweis dafür gibt, was Joseph Beuys für einen Kunstbegriff hatte und was er mit dem „erweiterten Kunstbegriff" meinte, habe ich vor Weihnachten an vier Adressen geschickt.

Zwei haben noch nicht geantwortet. Herr ... hat sich aus der Affäre gezogen, den Mann können Sie in der Pfeife rauchen. Herr ... hat die Frage an Frau ... weitergegeben, die auf Sie zurückgriff und viele Artikel, die Sie über Beuys schrieben, für mich kopierte.

Tatsächlich sind Ihre Worte bisher das Beste, was ich über den erweiterten Kunstbegriff lesen konnte. Nur – es sind nicht die Worte von Joseph Beuys.

Das 20. Jahrhundert wird wohl in die Geschichte (wenn es dann noch eine gibt) eingehen, als eine Zeit, die alles in Frage stellte, die alles mit neuen, spektakulären Mitteln aus dem Schlaf riss, die Techniken über Nacht entwickelte, von denen man noch nicht einmal träumte. Und das nun laut, schrill und oberflächlich langsam zu Ende geht. Rasantes Tempo bei Werbung und Kindersendungen, Talkshows immer mehr unter der Gürtellinie. Ablenken von Anstand und Moral, Verdummung des Volkes. Es gelten nur der Verkauf und der Gewinn. Die Leidtragenden sind die Kinder. Der Wahnwitz ist, dass die eigenen Väter und Großväter die Täter sind. (Entschuldigung, ich bin abgeschweift.) So hat sich auch im Bereich der Fertigung und Herstellung natürlich vieles geändert, aber ob es nun Werkstatt oder Studio heißt, ob der Entwurf im Computer geschieht und bei der Herstellung komplizierte Laserstrahler und neue Werkstoffe mitwirken – am Ende der Herstellungsreihe stehen beim Tischler ein Stuhl oder ein Schrank, beim Klempner eine Dachrinne oder eine Wetterfahne, beim Maler ein Bild und beim Bildhauer eine Plastik.

Am Ende einer Herstellungsreihe von Beuys steht keine Plastik. Dort stehen Erkenntnisse, neue Fragen, Lebenshilfe, Hinweise, Anregungen, Installationen, Aktionen.

Spinoza kam durch die Mathematik zu seiner Philosophie, Kierkegaard über das Christentum, Sartre über das Gegenteil, Saulus wurde zum Paulus durch einen übersinnlichen, göttlichen Zuruf und Beuys, wie Sie schreiben, sah eine Flamme in einem Foto einer Lehmbruck-Skulptur und hörte „Schütz' die Flamme". Die Naturwissenschaft, die Beschäftigung mit Goethe, Schiller, Nietzsche, Steiner, Novalis und Joyce, alles weist auf die Philosophie hin und für mich gehört Beuys in diese Kategorie.

Sollte die ganze Aufregung damals in die falsche Richtung gegangen sein?

Verstehen Sie mich nicht falsch, ich will Beuys nicht abwerten. Warum haben sich die Journalisten, deren Fachgebiet die Philosophie ist, nicht darum gekümmert?

Mit freundlichen Grüßen

PS
Dass Beuys seinen Hut selbst vor dem Bundeskanzler nicht abnahm, ist kein „Mut vor Fürstenthronen", sondern schlechte Erziehung. Bei einem Mann vom Jahrgang '21 schwer verständlich. Leider ist die Zahl der Nachahmer auf diesem Sektor wesentlich höher als die Zahl derer, die an der Verfertigung der sozialen Plastik arbeiten.

Natürlich merke ich heute, dass ich reichlich naiv an die Sache herangegangen bin und ich nehme es den Angesprochenen nicht übel, dass meine seelischen Wetterlagen alle im Papierkorb gelandet sind.

Nein – nicht alle. Zwei haben geantwortet und beide schrieben sinngemäß: „Regen Sie sich nicht auf, die Zeit wird es schon richten." Dagegen ist nichts einzuwenden, ich hätte aber so gern noch zu Lebzeiten diskutiert.

Wenn es auch so aussieht, dass ich zu viel abgeschweift bin und zu viele Geschichten aus Vergangenheit und Zukunft erzählt habe – es ging immer nur um den Kunstbegriff.

X.
Das Nachdenken

Seit längerem ist es einigen Managern – oft getarnt als Sammler und mit erheblicher Unterstützung aus dem Steueraufkommen – gelungen, Gegenstände aus der Abteilung Zivilisation in die Abteilung Kultur zu bringen, um sie als Kunst zu verkaufen. Es handelt sich dabei um beträchtliche Summen und um hohe Verdienste. Dieses lukrative Geschäft läuft heute noch so gut, dass man das Entwickeln anderer Darstellungsformen bewusst verhindert, um das Geschäft nicht zu stören. Das ist tödlich für die Kultur.

Daher meine Bitte, nein, meine Forderung an alle Personen in den Verwaltungen, Parteien und Regierungskreisen, die mit der Verteilung von Steuergeldern zu tun haben, vom Bundespräsidenten bis zum Gemeinderat des kleinsten Dorfes: „Hände weg von der Kunst!"

Ich bin sicher, sollte es einmal dazu kommen, dass die Subventionen für die Schauspielhäuser wegfallen – es würde weiter Theater gespielt werden ... und besseres.

Wenn ein Mitglied einer Regierung gebeten wird, die Schutzherrschaft und die Eröffnung einer Ausstellung zu übernehmen, sollte er das als populärer Privatmann tun. Jeder Hinweis darauf, dass die ausgestellten Objekte mit staatlichen Mitteln erworben wurden, fördert den Verdacht, dass eine neue „Staatskunst" vorgestellt wird und davon haben wir die Nase voll.

Nun muss ich noch einmal auf meinen alten Lehrer zurückkommen. Im Geschichtsunterricht war ihm das „Umfeld" das Wichtigste. Personen oder Gruppen, die eine Rolle gespielt haben, konnten ihre Entscheidungen nur unter den Einflüssen ihrer Zeit fällen – zum Guten oder zum Bösen. Ich habe schon vorher auf die heutige Zeit hingewiesen. Wir bekommen jeden Tag mehrfach Nachrichten über fürchterliche Katastrophen aus fünf Kontinenten. „Global" ist das meist gebrauchte Wort. Dagegen zeigt uns die Werbung gleich hinterher schöne, junge Menschen, die ohne Sorge an weißen Südseestränden in der Sonne faulenzen oder mit einer Flasche in der Hand tanzen. Damit wir nicht übermütig werden, folgen die Wirtschaftsnachrichten mit Konkursen, Defiziten und Prämienzahlungen an Aufsichtsräte. Zur Erholung dann ein Naturfilm mit glücklichen Tieren. Nach dem Abendbrot dann der Krimi und als Betthupferl ein Porno. In den Pausen spielt sich unser Leben ab. Ist das unsere Welt?

Wenn man das so komprimiert, kann einem das Lachen vergehen. Natürlich ist das nicht unsere Welt. Nur die Auswirkungen dieser Einflüsse färben auf alle ab und der Kreis derer, die ihnen verstärkt ausgesetzt sind, wird immer größer.

Was sollen wir also unseren jungen Leuten, die Talent haben und auch die Kraft, es schöpferisch umzusetzen, raten?

Sollen sie abschalten und nur noch in sich hineinhorchen oder sollen sie alles aufnehmen, speichern und aus diesem Archiv heraus ihre Themen wählen? Ich würde vom Raten abraten. Alle in der bildenden Kunst haben ihre Vorbilder und wie überall steht die junge Generation auf den Schultern der vorherigen, auch wenn das nicht immer so deutlich zu sehen ist.

Eigentlich wollte ich nur denjenigen, die immer sagen: „Von Kunst verstehe ich nichts", etwas in die Hand geben, damit sie sich mit einfachen Argumenten an Diskussionen beteiligen können.

Leider würde eine große Anzahl dieser Mitmenschen – wenn man sie fordert, den Satz zu erweitern – sagen: „Es interessiert mich nicht und ich lehne es ab, mich damit zu beschäftigen." Und das ist ein Denkfehler. Man kann nur etwas ablehnen, das, der eigenen Meinung nach, als falsch oder gefährlich eingestuft werden muss. In der Abteilung Kultur tun sie damit keinem weh.

Aber es gibt viele, die auch in den Bereichen der Wirtschaft, der Wissenschaft und vor allem der Politik so denken und da wird es, vor allem für eine Demokratie, bedenklich.

Auch in diesem Umkreis müssen wir zu einer eigenen Meinung kommen, uns die Meinungen der anderen anhören, danach die eigene überdenken, festigen oder ändern. Wenn ein großer Teil unserer Herde nicht mehr mitspielt, dann „Gute Nacht".

Sollte ein Leser mir tatsächlich bis hierher gefolgt sein und dann sagen: „Ja, ganz nett die Plauderei eines alten Mannes", würde ich freundlich lächeln, denn er hat den Plauderton angenommen und er wird sich – wenn das Wort Kunst irgendwo auftaucht – bestimmt an einige Sätze erinnern und kann damit seine Meinung vertreten.

XI.
Hinten an

noch einige Schlussworte:
Als ich mit der Arbeit an diesem kleinen Buch begann, war meine Absicht, mit dem Leser in eine Art Gespräch über das Wort Kunst einzutreten.
Jeder hat einen Begriff von Kunst, die meisten wissen es nur nicht. Einige versuchen mit dem Hinweis auf „das Gefühl" aus dem Gespräch herauszukommen. Ich habe mich bemüht, einen Weg zu finden, bin aber weit davon entfernt, ihn als den einzig richtigen zu bezeichnen. Ich wollte auch mit dem auskommen, was man üblicherweise mit dem Begriff „Allgemeinbildung" bezeichnet. Das heißt, möglichst wenig Zitate und Namen aus der Wissenschaft. Gehofft habe ich, einem Schriftsteller zu begegnen, der nüchtern und fair mit Joseph Beuys umgeht. Vielleicht gibt es dieses Buch. Ich habe nur eine große Lobby vorgefunden, die vor dem größten Künstler des letzten Jahrhunderts auf den Knien liegt und eine kleinere Anzahl von Ironikern und Witzerzählern auf der anderen Seite.

Beuys wird sicher als Anführer einer Sekte in die Geschichte eingehen, ob aber künftige Generationen seine Vision von der sozialen Plastik brauchen, ist sehr unwahrscheinlich. Es ist auch nicht wichtig für mein Vorhaben.

Wir haben einen weiten Weg von den Höhlenmenschen bis zum Bundespräsidenten zurückgelegt und ich habe mich immer gefreut, wenn ich im Verlaufe der Arbeit auf Mitmenschen gestoßen bin, die ihren Kunstbegriff deutlich formulieren konnten.

Ich beginne mit dem Maler Anselm Feuerbach: „Stil ist das richtige Weglassen des Unwesentlichen." Otto Fischer, Museumsdirektor in Basel, schrieb 1912 in seinem Buch „Das neue Bild": „Das Bild ist nicht allein Ausdruck, sondern auch Darstellung. Es drückt nicht die Seele direkt aus, sondern die Seele im Gegenstand. Ein Bild ohne Gegenstand ist sinnlos. Halb Gegenstand und halb Seele ist ein kalter Wahn. Dies sind Irrwege von leeren Schwärmern und von Betrügern. Die Wirren mögen wohl vom Geistigen reden – der Geist macht nicht wirr, sondern klar." Der Maler Otto Dix drückt es so aus: „Farbe und Formen können nicht das fehlende Erlebnis und fehlende Ergriffenheit ersetzen. Ich bin bemüht mit meinen Bildern zur Sinngebung unserer Zeit zu gelangen, denn ich glaube, ein Bild muss vor allem einen Inhalt, ein Thema aussprechen."

In dem Buch „Neue Sachlichkeit in Deutschland" schreibt Emilio Bertonati 1969 in seinem Schlusswort: „... eines der reichsten Kapitel, die es in Deutschland überhaupt gegeben hat. Begriff für das reinste, künstlerische Schaffen: Die Wahrheit und das Handwerk".

Und Otmar Hörl, ein Frankfurter Bildhauer, sagt: „Ein Bildhauer definiert sich nicht dadurch, dass er tonnenweise Material hinschüttet, Förmchen drapiert und sich auf der schmalen Werkspur der Identifizierbarkeit selbst verwirklicht, sondern dadurch, dass er Materie in Bewegung versetzt. Wie ein Zauberer."

Als es in meinem Freundeskreis bekannt wurde, dass ich mich mit dem Kunstbegriff herumschlage, fehlte es nicht an guten Ratschlägen und Wünschen. Ich wurde auf viele Bücher aufmerksam gemacht, die mir zu einer besseren Grundlage verhelfen sollten.

Ich habe höflich viel gelesen und diskutiert, obwohl ich ja ohne die Wissenschaft auskommen wollte.

Daher werde ich das bisher Geschriebene nicht ändern, will aber – um zu einem guten Schlusswort zu kommen – auf einen Vertreter der Kunstwissenschaft näher eingehen.

Unter den Hinweisen erschien auch der Titel „Verlust der Mitte" von Hans Sedlmayr. Ob der Empfehlende Mitleid mit mir hatte, ob er andeuten wollte, dass ohne die Wissenschaft nichts geht, weiß ich nicht. Das Buch ist ein harter Brocken, an dem man sich leicht die Zähne ausbeißen könnte. Obwohl Hans Sedlmayr zeilenweise in sein Fach-Chinesisch verfällt, ist das, was er meint, in gutem, klarem Deutsch ausgedrückt.

Wenn ich ihn richtig verstanden habe, hat er zwei wichtige Dinge entdeckt.

Erstens: Will man ein wahres Bild einer Epoche oder eines Zeitabschnittes haben, sollte man die Situation und die Arbeiten der bildenden Kunst dieser Zeit heranziehen.

Sie würden – wie keine andere Methode – eine lückenlose Darstellung einer Phase in Wort und Bild ermöglichen.

Zweitens: Die Mitte ist für Hans Sedlmayr das Menschliche und das Gottähnliche im Menschen. Den Verlust dieser Eigenschaft hat er mit seiner Methode nachgewiesen.

Die Pfalzen, Schlösser, Klöster, Paläste, Kirchen und Kathedralen waren von der Romanik über die Gotik bis hin zum Barock Gesamt-Kunstwerke. Vom Bauarbeiter bis zum Architekten arbeiteten alle Gewerke zur Ehre Gottes und die Besten unter ihnen waren schöpferisch tätig, also gottähnlich tätig.

Im Laufe der Zeiten übernahmen Wissenschaft und Technik die Vorherrschaft. Es wurde kälter und die Tendenz ging vom Organischen zum Anorganischen. Heute steht auf unserem Altar nicht mehr ein Hinweis auf Gott, sondern eine Maschine.

Gut passen in diese Beweiskraft einige Aussprüche von bildenden Künstlern. Nur sollte man nicht alles auf die Goldwaage legen. Der augenblickliche Zustand, sei es Ärger, Verzweiflung oder ein gesundheitlicher Tiefpunkt, gibt manchem Wort schnell eine härtere Bedeutung. Als ich las, dass Ernst Barlach gesagt hat: „Der Mensch ist ein fehlgeschlagener Versuch der Natur", habe ich mir noch einmal seine Arbeiten angesehen und habe darin Ausdrücke von Freude, von Trauer, von Ehrfurcht und von Mitleid gefunden. Er hat den Menschen nicht als Fehlschlag dargestellt.

Mir hat Hans Sedlmayr einen großen Gefallen getan. Ich habe immer angenommen, dass der einzelne Mensch oder kleine Gruppen von Menschen für die großen Entwicklungen in unserem Leben verantwortlich sind. Die sichtbaren Taten und Veränderungen sind natürlich mit den Namen von Personen verbunden, aber die Wurzeln wurden lange vorher eingepflanzt. Ich muss mich bei Joseph Beuys entschuldigen, er konnte nicht anders.

Von einem Menschen, der über Vergangenheit und Gegenwart schreibt, verlangt man natürlich auch einen Ausblick auf die Zukunft und wenn die Gegenwart nicht rosig strahlt, ist man dankbar für jeden Hoffnungsschimmer. Hans Sedlmayr bietet zwei Möglichkeiten an:

Erstens: Der augenblickliche Weg setzt sich fort, dann wird der Mensch zur Maschine und das ist das Ende.

Zweitens: Wir finden – wie durch ein Wunder – unsere Menschlichkeit und unser Verhältnis zu Gott wieder. Und mit Gott meint er nicht einen der vielen verschiedenen Religionen. Natürlich wird es weitergehen. Wir Menschen haben die Pest, Seuchen, Kriege und Naturkatastrophen überstanden und wir werden auch aus dem Anorganischen herausfinden. Der Personenkreis, der in Büchern zum Thema Kunst angesprochen wird, ist verschwindend klein. Alle Vertreter der bildenden Kunst, alle Historiker, Kritiker, Bewunderer und auch alle, die an der Kunst ein geschäftliches Interesse haben, bilden ja nur einen kleinen Teil unserer Bevölkerung. Wenn ich zehn Prozent annehme, liege ich wahrscheinlich schon zu hoch. Aber sehen wir einmal auf die andere Seite!

Neunzig Prozent des wimmelnden, unverbrauchten Lebens stehen zur Verfügung.

Talente sind Sternschnuppen, die zwar nur wenige treffen, aber von denen gehen dann die Impulse und Richtlinien aus, die wir brauchen. Und da sollte genug Rohmaterial zur Verfügung stehen.

In kritischen Situationen wird auch immer der alte Volksmund hervorgekramt und in unserem Falle könnte er sagen: „Da hilft nur noch Beten." Aber beten wir nicht darum, dass uns ein neuer Michelangelo geschenkt wird oder die reine Gotik wiederkehrt, sondern beten wir ganz einfach – und ich meine das sehr ernst – um die Wiederkehr der Menschlichkeit im Menschen.

Und als Letztes:

Ich wäre froh, wenn meine Leser dem nächsten Gespräch über Kunst nicht mehr mit dem Satz „Von Kunst verstehe ich nichts" ausweichen würden.

Wenn ich es erreicht hätte, dass Sie nicht weglaufen, wenn irgendwo das Wort Kunst ertönt, wäre ich ein sehr zufriedener Mensch.

Das Schlusswort:

Es soll Menschen geben, die nicht gern lesen und als Erstes die letzte Seite eines Buches aufschlagen, in der Hoffnung, eine Zusammenfassung zu finden, in der Art einer „Moral von der Geschicht'".

Diesen Leuten soll geholfen werden. Seit Urzeiten werden die zahlreichen Techniken der bildenden Kunst in drei Gruppen eingeteilt. Zeichnung, Malerei und Bildhauerei. Die besten Arbeiten in diesen drei Gruppen gelten als Kunst. Der

Wert der Wörter „Kunst", „Künstler" und „Kreativität" ist so hoch, dass eine große Anzahl von Mitmenschen, deren Darstellungen nichts mit der bildenden Kunst zu tun haben, diese Wertbegriffe für ihre Exponate ohne Skrupel verwenden.

Ich halte dieses Vorgehen für unehrlich, man könnte auch von Betrug sprechen.

Es gibt viele Möglichkeiten für die Arbeiten dieser Benutzer einen eigenen Namen zu finden. Mein Hinweis auf die Innovaten ist ein Vorschlag.

Der Autor hat unter dem Arbeitstitel

„Spurensuche"

Material über die Landeskunstschule Hamburg, die Vorgängerin der jetzigen Hochschule für bildende Künste, gesammelt und war bemüht, ehemalige Mitschülerinnen und Mitschüler aus den Jahren 1946–50 – unter der Direktion von Friedrich Ahlers-Hestermann – zur Mitarbeit aufzurufen, 120 der „Ehemaligen" haben mit Berichten, Lebensläufen und Abbildungen ihrer Arbeiten den alten Stallgeruch erweckt – nur ich habe es nicht geschafft, das nötige Kleingeld zu bekommen.

Für gute Ratschläge aus dem Leserkreis bin ich unter 02661-931817 Tag und Nacht erreichbar.

Die Erinnerung an diese „dolle Zeit" sollte nicht in Vergessenheit geraten!

www.ingramcontent.com/pod-product-compliance
Lightning Source LLC
Chambersburg PA
CBHW031544210526
45464CB00003B/1143